VENTE

DU

Mis DE VALORI RUSTICHELLI

RENOU & MAULDE
IMPRIMEURS DE LA COMPAGNIE DES COMMISSAIRES-PRISEURS
Rue de Rivoli, 144.

CATALOGUE

DES

TABLEAUX
ANCIENS

MINIATURES, DESSINS, SCULPTURES

Formant la Collection

De M. le Marquis DE VALORI RUSTICHELLI

DONT LA VENTE AURA LIEU

HOTEL DROUOT, SALLE N° 7

Les Lundi 16, Mardi 17 & Mercredi 18 Avril 1866

A DEUX HEURES PRÉCISES

COMMISSAIRES-PRISEURS : { Me **CHARLES PILLET**, rue de Choiseul, 11,
Me **EUGÈNE ESCRIBE**, rue St.-Honoré, 217,

EXPERTS : { M. **HORSIN DÉON**, rue Chabanais, 1,
M. **BLAISOT**, rue de Rivoli, 178,

Chez lesquels se distribue le présent Catalogue.

EXPOSITIONS { PARTICULIÈRE : le Samedi 14 Avril 1866 ;
PUBLIQUE : le Dimanche 15 Avril 1866 ; } De 1 à 5 heures.

PARIS — 1866

CE CATALOGUE SE TROUVE.

A Paris.............	Chez MM.	CHARLES PILLET, Commissaire-Priseur, rue de Choiseul, 11.
Id.	—	EUGÈNE ESCRIBE, Commissaire-Priseur, rue St-Honoré, 217.
Id.	—	HORSIN DÉON, peintre, rue Chabanais, 1.
Id.	—	BLAIZOT, rue de Rivoli, 178.
Londres...........	—	COLNAGHI, Pall-Mall-East, 14.
Id.	—	John WEBB, Cork-Street-Burlington-Garden, 22.
Id.	—	N. DURLACHER, New-Bond-Street, 113.
Id.	—	ANNOOT, Old-Bond-Street, 16.
Id.	—	F. DAVIS, New-Bond-Street, 101.
Id.	—	GAMBART, Pall-Mall, 120.
Bruxelles.........	—	Étienne LEROY, place du G^d^-Sablon, 12.
Id.	—	HÉRIS.
Berlin.............	—	FIOCATI, Unter den Linden, 21.
Id.	—	LEPKÉ, Unter den Linden, 12.
Vienne............	—	ARTARIA et Cie
Vienne............	—	Maison GOUPIL, représent. M. KAESER.
Francfort-s.-Mein.	—	LŒWENSTEIN frères, ZEIL.
Id.	—	GOLDSCHMIDT, ZEIL.
Id.	—	BAER (Antoine), place Schiller.
St-Pétersbourg...	—	NEGRI, père et fils.
La Haye...........	—	Van GOGH, marchand d'Estampes.
Rotterdam........	—	LAMME, conservateur du Musée.
Rome..............	—	MENCHETTI, via Babuino.

CONDITIONS DE LA VENTE

Elle sera faite au comptant.

Les Acquéreurs paieront CINQ POUR CENT en sus des adjudications.

La Collection que nous livrons aux enchères jouit déjà d'assez de réputation, pour que nous soyons dispensés d'en faire l'éloge.

Elle a été formée par un Amateur pour lequel l'amour de l'art est traditionnel, car sa famille a constamment recherché dans la culture des arts, ses délassements et ses jouissances préférés.

Cette Collection n'offre pas seulement l'intérêt des dix Greuze si connus, si enviés de tous les vrais Amateurs qui n'ignorent pas que Mlle Greuze a vécu et est morte au sein de la famille des Valori.

On y rencontrera encore une suite de portraits du XVIe siècle, d'autant plus remarquables, que ces peintures sont aujourd'hui d'une extrême rareté et des plus recherchées.

Puis, une réunion très-remarquable de beaux maîtres italiens. — Un des écueils des possesseurs de Tableaux de cette école est, en général, de se laisser entraîner par le fait même de la possession, à prêter à des maîtres secondaires les noms des chefs d'écoles. M. le marquis de Valori Rustichelli n'a pas voulu tomber dans ce travers, il en a appelé aux lumières de tous et particulièrement à M. Otto Mündler, qui *a bien voulu lui prêter, pour cette partie, le concours de son savoir qui fait autorité.*

Les Dessins, les Miniatures et les Sculptures qui complètent l'ensemble de cette vente, offrent aussi un véritable intérêt ; c'est pourquoi M. de Valori a voulu encore, pour les Dessins et les Miniatures, en appeler aux lumières incontestables de M. Blaisot, dans l'espoir de donner une nouvelle preuve de toute la sincérité apportée dans la vente de sa Collection.

Horsin Déon.

[illegible]

DÉSIGNATION

DES

TABLEAUX

ÉCOLE ITALIENNE

ALBANE (Francesco Albani)

33 — Repos de la Sainte Famille.

H. 30 c. L. 41 c.

ANDRÉ DE SALERNE (Sabbatini)

2 — Saint Jean dans le désert.

Figure en pied se détachant sur un fond de paysage.

H. 27 c. L. 15 c.

3 — Vierge en prière.

Elle est debout dans un limbe.

H. 27 c. L. 15 c.

BAROCHE (École de Frédéric)

4 — Mariage mystique de sainte Catherine.

Gravure au revers par Sadler.

Cuivre. — H. 27 c. L. 20 c.

FRA BARTOLOMMEO DI SAN MARCO

(Baccio della porta)

5 — Portrait de Pierre Bembo.

Cet écrivain célèbre, secrétaire de Léon X et plus tard cardinal, est vu de trois quarts. Il tient un livre à la main. Un col brodé est rabattu sur sa robe noire.

Dans le fond de ce portrait remarquable et puissant de couleur est encore un crucifix.

H. 54 c. L. 43 c.

FRA BARTOLOMMEO (Attribué à)

6 — Saint Paul.

Esquisse.

H. 00 c. L. 00 c.

BECCAFUMI

(Domenico di Jacopo, dit le Moscherino)

7 — Sujet biblique.

Un jeune homme montre le ciel et semble menacer de la vengeance céleste ses juges qui, réunis sous un péristyle, donnent l'ordre de l'entraîner à la mort.

Le bourreau lui pose déjà la main sur l'épaule et des cavaliers s'avancent pour le conduire au supplice. La scène se passe dans une cour entourée d'une colonnade.

L. 20 c. H. 34 c.

BONIFAZIO (Attribué à Bembo)

8 — Portrait de Blanche-Marie Visconti.

Fille de Philippe et femme de François Sforza, duc de Milan.

Ce portrait en buste est vu de profil; c'est une répétition de celui qui se voit dans la fresque de Bembo qui se trouve sur l'un des piliers de l'église de Crémone.

H. 40 c. L. 29 c.

CARBONE

9 — Portait d'homme.

Il est vêtu d'une robe noire, assis dans un fauteuil sur les bras duquel ses mains sont appuyées.

H. 105 c. L. 80 c.

CORRÉGE (Antonio Allegri)

10 — Saint Jean.

On croit que c'est une étude faite pour servir à l'exécution du tableau important de ce maître, dit l'*Enfant à la Gabelle*, qui se voit à Dresde.

H. 29 c. L. 23 c.

CORRÉGE (Attribué à)

11 — Portrait de Paul III, Farnèse.

Esquisse du portrait de ce pape détruit vers la fin du XVIIe siècle, dans l'incendie du palais de Plaisance.

H. 30 c. L. 22 c.

CORRÉGE (École de)

12 — Les Arts.

Esquisse de plafond.

H. [illegible]0 c. L. 36 c.

CORTONE (Pierre de)

13 — Jésus entouré d'anges.

H. 35 c. L. 48 c.

CRESPI (JOSEPH MARIA, dit le SPAGNUOLO)

14 — Massacre des Innocents.

Composition importante, remplie de mouvement et de vigueur, et librement touchée.

H. 79 c. L. 104 c.

DANIEL DE VOLTERRE (RICCIARELLI)

15 — Les Saintes Femmes.

Toile. — H. 00 c. L. 00 c.

DOLCI (CARLO)

16 — Ecce Homo.

Carton.—H. 71 c. L. 57 c.

DOMINIQUIN ZAMPIERI (Ecole de)

17 — Le Père Eternel entouré d'Anges et de Saints.

H. 90 c. L. 38 c.

FIGGINO AMBROGIO

18 — Portrait d'homme.

H. 54 c. L. 41 c.

FRANCIA BIGGIO

19 — Saint Sébastien.

Figure en pied et de grandeur naturelle. Sur la base de la colonne le saint est attaché se trouve le monogramme d'André del Sarte.

H. 142 c. L. 81 c.

GAUDENZIO DE FERRARE

20 — Mise au tombeau.

Placé sur le bord du sépulcre, le Christ est soutenu par la Vierge. Saint Jean, les saintes femmes et les apôtres l'entourent.

H. 94 c. L. 96 c.

GIMIGNANI (Vincenzio di San)

21 — Apparition du Christ à la Madeleine.

Notre-Seigneur est vêtu d'une longue robe blanche. A sa vue, la Madeleine et trois disciples sont saisis d'étonnement.

H. 43 c. L. 32 c.

GENNARI (Benedetto)

22 — La Vierge et l'Enfant Jésus.

H. 26 c. L. 31 c.

GIORGION (Barbarelli)

23 — Paysage avec figures.

Un cavalier interroge deux hommes qui semblent l'écouter avec respect. Au fond, un paysage montagneux dans lequel on aperçoit un moulin près d'une rivière et quelques autres petits personnages.

H. 100 c. L. 51 c.

GIOTTINO (Attribué à Tomasso di Stefani)

34 — Le Christ en Croix entouré de nombreuses figures.

H. 50 c. L. 36 c.

GUARDI (Genre de)

25 — Intérieur de sacristie.

H. 22 c. L. 17 c.

GUERCHIN (Gio Fr. Barbieri)

26 — Portrait de la Cenci avec une auréole.

H. 57 c. L. 45 c.

GUIDO RENI

27 — Une Piété avec adoration.

H. 114 c. L. 74 c.

LANFRANC

28 — Saint Jérôme.

H. 29 c. L. 23 c.

LAURI (Philippe)

29 — La Madeleine dans le désert.

H. 29 c. L. 41 c.

JULES ROMAIN

30 — Un Bouclier.

Au centre est peint le triomphe d'Amphitrite. La déesse est couchée, vue de dos, la tête tournée du côté du spectateur; une draperie jaune flotte autour d'elle. Un Amour, une flèche à la main, conduit le dauphin qui l'entraîne. Deux Zéphyrs dans les nuages et des rochers sur la côte terminent l'ensemble de cette composition.

Cette rondache en cuir superposé est recouverte d'une toile sur laquelle a été exécutée la peinture. On y remarque plusieurs coups de lance.

Ce bouclier a été envoyé par Laurent de Médicis à Henri II pour le tournois donné à Avignon en l'honneur du mariage du prince avec Catherine.

H. 51 c. L. 51 c.

JULES ROMAIN

31 — L'Enlèvement de Proserpine.

Peinture à fresque sur bois. Elle provient d'une ornementation détruite au Vatican lors du percement qui va des loges à la salle Gregorianus, et fut donnée en 1839 par le pape Grégoire XVI à M. le marquis de Valori.

H. 23 c. L. 50 c.

32 — Portrait de Michel-Ange-Buonarotti.

Ce grand maître est vu en buste encore jeune et est vêtu d'un pourpoint noir sur lequel un col est rabattu.

H. 33 c. L. 25 c.

33 — Portrait de Savonarola.

H. 21 c. L. 16 c.

LÉONARD DE VINCI

34 — Portrait de Guillaume au court-nez, prince d'Orange.

Il est vu de profil, le corps un peu de trois quarts. Il est coiffé d'une barrette noire ornée d'un médaillon émaillé. Son pourpoint noir à crevés de satin orange est ouvert sur la poitrine et laisse apercevoir une chemisette plissée sur laquelle tombe une chaîne d'or. Il tient une orange dans sa main gantée.

On voit dans quelques palais de Milan plusieurs portraits de ce faire qui est celui de la première manière du maître, attribué à Beltraffio.

H. 64 c. L. 47 c.

LÉONARD DE VINCI (École de)

35 — Tête de Christ.

H. 42 c. L. 30 c.

LUCA GIORDANO

36 — La Toilette de l'Enfant Jésus.

Esquisse.

H. 86 c. L. 46 c.

MANTEGNA (École de Ridolfi)

37 — Christ au tombeau.

La Vierge et saint Jean sont assis au premier plan.

H. 36 c. L. 43 c.

MARATTE (Carle)

38 — La Nativité.

H. 21 c. L. 27 c.

MICHEL-ANGE BUONAROTTI

39 — Son Portrait sur fond vert avec son monogramme M. A. F.

H. 18 c. L. 14 c.

MONSIGNORI (Francesco)

40 — Ecce Homo.

Notre-Seigneur est entouré de soldats et de différents personnages qui le regardent avec curiosité et moquerie.

Cette peinture, exécutée sur toile à la détrempe, est d'un ensemble remarquable. Elle provient de la famille Peruzi.

Toile.—H. 54 c. L. 60 c.

MUTIAN (Giovani di Brescia)

41 — Saint Jérôme.

H. 78 c. L. 63 c.

PERINO DEL VAGA

42 — La Vierge, l'Enfant Jésus et saint Jean.

La Vierge vêtue d'une robe rouge, soutient de la main droite son divin fils sur ses genoux. Dans sa main gauche est un livre. Saint Jean, les mains jointes, est debout sur la gauche du tableau.

Ces figures se détachent sur un fond de paysage dans lequel on aperçoit un vieux château et quelques petits personnages.

Fresque.

H. 74 c. L. 52 c.

43 — Portrait d'un jeune garçon.

Il est vu en buste, son pourpoint est rose et son manteau noir; il se détache sur un fond vert.

H. 21 c. L. 17 c

PONTORMO (Jacopo Carrucci)

44 — Portrait de Marcil Ficin.

Ce portrait a été offert à ce néoplatonicien. On lit sur le livre qu'il tient à la main : *Quanquam te, Marce Fili, annum jam te audiente Cratippum id, que Athenis abundare oportet preceptis et institutis philosophiæ.*

H. 67 c. L. 47 c.

PORDENONE (Gio. Ant. Sicinio)

45 — Portrait d'Eléonora d'Este, marquise de Ferrare.

Elle est vue de face et à mi-corps, Sa robe à larges manches e t de velours rouge et ornée d'une torsade d'or qui se termine par deux rangs de perles noires et lui sert de ceinture. Sa chemisette est brodée d'or et de perles; un collier pend sur sa poitrine et elle est coiffée d'un riche turban.

Toile.—H. 97 c. L. 79 c.

ROSSO (Fiorentino)

46 — La Vierge, l'Enfant Jésus et saint Jean.

H. 35 c. L. 46 c.

47 — Vénus sur les eaux.

La déesse est debout sur une coquille traînée sur les eaux par deux colombes. Deux Amours l'accompagnent.

Cette figure de grandeur naturelle passe pour être le portrait de Catherine de Médicis.

Ce tableau a appartenu à M. Lavallée, sous-directeur des musées sous le premier empire.

Toile.—H. 208 c. L. 133 c.

SALVIATI (Francesco di Rossi)

48 — La Vierge et l'Enfant Jésus.

H. 68 c. L. 53 c.

SCHIDONE (Barthélemy)

49 — Salomée.

Elle tient dans un plat la tête de saint Jean; à l'arrière-plan, se voit le bourreau appuyé sur son épée.

H. 57 c. L. 50 c.

50 — Tête de saint Jean.

H. 42 c. L. 35 c.

SCHIAVONE (Andrea)

51 — Un Sacrifice.

Le grand-prêtre entouré de peuple prie devant un autel.

Ce tableau d'un beau coloris appartenait à M. de Choiseul Gouffier.

H. 20 c. L. 31 c.

52 — Ecce Homo.

Il est dans la manière de celui du Louvre.

H. 36 c. L. 28 c.

SÉBASTIEN DEL PIOMBO (École de)

53 — La Visite de la Vierge à sainte Elisabeth.

H. 17 c. L. 17 c.

SIMON DE SIENNE (Piccone Martino Memmi)

54 — La Vierge.

Ce tableau provient de l'eglise de Notre-Dame-des-Doms à Avignon.

H. 31 c. L 23 c.

TASSI (Augustin)

55 — Paysage avec figures.

H. 23 c. L. 31 c.

TIEPOLO (G. B.)

56 — Deux Têtes d'anges.

Fragment d'une grande fresque.

H. 43 c. L. 53 c.

TITIEN (Viccelli)

57 — Etude de Femme.

Elle est debout drapée d'une étoffe jaune rayée noir. Elle tient un plat à la main.

H. 108 c. L. 43 c.

VÉRONÈSE (Calliari Paolo)

58 — Portrait de sa fille.

Buste. Des fleurs et des bijoux ornent sa chevelure. Une collerette tuyautée contourne sa robe verte. Elle porte au cou un collier d'or orné de pierreries et un autre semblable lui sert de cordelière.

Ce portrait remarquable est exécuté par frottis sur un cuir doré.

H. 38 c. L. 28 c.

ÉCOLE VÉNITIENNE

59 — Un Paysage.

Toile.—H. 43 c. L. 54 c.

ÉCOLE DE FOLIGNO (XVIe siècle)

60 — Le Pape Pie V.

Curieux portrait exécuté à la détrempe.

H. 110 c. L. 85 c.

INCONNU

61 — La Nativité.

ÉCOLE ESPAGNOLE

GOYA

62 — Une Halte de monolas et de torréadors.

Toile: — H. 40 c. L. 54 c.

JEAN DE MIRANDA

63 — L'Enfant Jésus couché sur la pierre.

H. 25 c. L. 32 c.

MURILLO (ESTEBAN)

64 — Distribution des aumônes.

A la porte d'un couvent, des religieux distribuent des soupes à une foule de mendiants qui les entourent. Ce sont des pèlerins, des aveugles, des boiteux et un grand nombre de pauvres femmes portant leurs enfants ou s'en faisant suivre. Beaucoup de ces pauvres gens ont leur gamelle remplie et en mangent joyeusement le contenu.

Toile. — H. 70 c. L. 95 c.

65 — Saint François d'Assise.

Il est vu en buste et tient un lis d'une main, tandis que l'autre est posée sur une tête de mort. Il se détache sur un rideau vert.

Ce tableau a appartenu à Gustave de Médicis.

Toile. — H. 70 c. L. 56 c.

66 — Tête de Vierge.

H. 35 c. L. 26 c.

MURILLO (Esteban)

67 — **Vision de sainte Thérèse.**

Saint Joseph et la Vierge guident l'Enfant Jésus qui lance une flèche dans le sein de sainte Thérèse en extase, soutenue par des anges. D'autres anges sont groupés dans le ciel aux côtés de Dieu le Père, ou voltigent en l'air.

Toile. — H. 41 c. L. 55 c.

ORRENTE

68 — **Le Bon Pasteur.**

Il est assis dans un paysage au milieu de son troupeau.

Toile. — H. 40 c. L. 53 c.

RIBERA (Joseph), dit L'ESPAGNOLET

69 — **Saint Pierre.**

Il est représenté à genoux tenant une clé.

Cette figure, d'une belle exécution, est de grandeur naturelle.

Toile. — H. 139 c. L. 103 c.

VELASQUEZ (Don Diego Rodriguez de)

70 — **La Samaritaine.**

Assis au bord d'un puits, Jésus, vêtu d'une robe blanche et d'un manteau bleu, porte la main sur le vase de cuivre de la Samaritaine qui se tient debout devant lui. Elle est vêtue d'une robe jaune à manches rouges; elle se détache sur un fond de paysage dans lequel on aperçoit une ville au bord d'un lac et quelques personnages qui causent entre eux.

Toile. — H. 136 c. L. 142 c.

71 — **Portrait de Philippe IV.**

INCONNU

72 — **Ecce Homo.**

Toile. — H. 59 c. L. 42 c.

ÉCOLE FRANÇAISE

BLANCHARD (Jacques)

73 — La Fuite en Egypte.

CHARDIN (J.-B. Siméon)

74 — La Malade.

Une servante offre une tasse de bouillon à une jeune femme malade étendue dans un fauteuil. Sa tête est doucement posée sur un oreiller, et ses pieds sur un tabouret garni d'un coussin blanc

Dans le fond est un paravent qui laisse apercevoir une cheminée; à la gauche du tableau se voit une toilette.

Cette importante composition a été offerte par Chardin à Greuze comme témoignage d'amitié.

(Donné par Mlle Greuze.)

Toile. — H. 78 c. L. 123 c.

CLAUDE LEFÈVRE

75 — Portrait d'homme.

H. 66 c. L. 54 c.

CLOUET (François, dit Janet)

76 — Portrait de François de Lorraine, duc de Guise, père du Balafré.

Il est vu en buste et de grandeur demi-nature, une toque de velours noir ornée de perles et d'une plume blanche lui couvre la tête. Son pourpoint noir est brodé de torsades d'argent disposées en bandes tranchantes. Ses manches sont blanches à dispositions noires. La médaille de l'ordre de Saint-Michel est retenue sur la poitrine du grand capitaine par une chaîne d'or émaillée de noir alternant avec des perles blanches.

H. 36 c. L. 25 c.

COUSIN (Jean)

77 — Les Titans foudroyés.

Les fils de la terre vaincus sont étendus sans vie pêle-mêle au milieu de rochers. Deux d'entre eux, au second plan, résistent cependant encore; l'un soulève un bloc de rocher, l'autre une échelle, insultant ainsi à la puissance de Jupiter qui, entouré des dieux de l'Olympe, du haut du ciel les menace de ses foudres.

H. 50 c. L. 66 c.

COYPEL (François)

78 — Vénus et Triton.

Entourée par les Amours, la déesse appuyée sur un rocher vient de percer d'une flèche un triton qui s'avance amoureusement vers elle.

Toile. — H. 40 c. L. 59 c.

DEFRANCE DE LIÉGE (Signé)

79 — Le Poëte.

Il est vu dans sa chambre à coucher qui lui sert aussi de bibliothèque. Enveloppé dans sa robe de chambre, il est assis devant une petite table, la tête appuyée sur une main et tient sa plume de l'autre, il compose. Son épée et son chapeau accrochés au mur et un fauteuil achèvent de garnir sa chambrette.

Bois. — H. 19 c. L. 23 c.

DESPORTES (François)

80 — Instruments de musique déposés sur une table.

Toile.— H. 00 c. L. 00 c.

DROUAIS

81 — L'Enfant au polichinelle.

C'est un petit garçon vêtu de soie bleue qui tient un gros polichinelle dans ses bras.

Toile. — H. 64 c. L. 53 c.

DROUAIS

82 — Portrait du comte d'Artois.

Le prince a dix-huit ans. Il est vêtu de velours rouge et porte les insignes de l'ordre du Saint-Esprit.

Toile. — H. 67 c. L. 55 c.

FOUQUET (JEAN)

83 — Portrait de Verino Verini, poëte florentin.

Bois. — H. 43 c. L. 37 c.

FRAGONARD

84 — Portrait de petite fille.

Elle est coiffée d'un bonnet de dentelle noire posé sur ses cheveux poudrés, sa petite robe est ornée de ruches de gaze.

Toile. — H. 00 c. L. 00 c.

GILLOT

85 — Portrait de Watteau.

Il est vu en buste tenant un petit chien sous le bras, son habit marron est galonné d'or et un manteau bleu est jeté sur ses épaules.

Toile. — H. 96 c. L. 72 c.

GIRODET TRIOSON

86 — Le Sommeil d'Endymion.

Répétition du grand tableau commandée par le père de M. de Valori.

Toile. — H. 06 c. L. 00 c.

GREUZE (Jean-Baptiste)

87 — Portrait du maître.

Ce portrait fut exposé en 1804 et obtint un immense succès. Ce n'est qu'un buste, mais sa belle exécution en fait une œuvre exceptionnelle.

Don de l'artiste.

Toile. — H. 51 c. L. 47 c.

40000
retiré = 20000

88 — La Mère fâchée.

Un petit garçon rebelle sans doute au travail, car ses livres sont jetés à terre, supplie sa jeune mère assise à une table de lui pardonner. Mais l'heureuse maman feint de ne rien vouloir céder, même aux prières d'une jeune fille placée près d'elle, une petite tante peut-être, qui implore en souriant le pardon de l'écolier paresseux.

Cette gracieuse scène se passe dans l'intérieur d'un appartement meublé d'un canapé et d'une armoire sur laquelle le rideau de la fenêtre est jeté.

Fait en 1710.

Toile.—H. 120 c. L. 95 c.

89 — Geneviève de Brabant.

Assise et la tête appuyée contre une pierre, Geneviève pénétrée de douleur, les yeux levés au ciel, semble le prier avec ferveur de faire cesser ses misères. Debout près d'elle, son fils qu'elle enlace de son bras droit, cherche par ses caresses à la consoler. Leur biche fidèle semble même se joindre à lui pour ramener le calme dans l'âme de la pauvre mère.

Toile. — H. 00 c. L. 00 c. Rond.

15000
retiré = 8000

90 — Thisbé.

C'est une jeune fille blonde dans l'attitude de la frayeur. Un voile couvre sa tête, sa robe est blanche, ses bras sont nus ; une écharpe bleue et un ruban rouge dans les cheveux sont les seuls ornements qui complètent sa parure.

Cette ravissante tête d'expression a été exécutée en 1775.

Toile. — H. 47 c. L. 38 c.

GREUZE (Jean-Baptiste)

91 — Portrait de Fleury.

Le comédien est vu à mi-corps tenant d'une main une bouteille, de l'autre un verre. Il est assis sur une chaise de canne. De son habit violet s'échappent un jabot et des manchettes.

Ce joli portrait a été exécuté par Greuze sur une esquisse de Nattier que la mort a surpris pendant ce travail. Ce fut à la prière de Toqué, gendre de Nattier, qu'il le termina en 1774.

Toile. — H. 80 c. L. 63 c.

92 — La Prière.

Une jeune femme, les mains jointes, les yeux levés vers le ciel, prie avec ferveur. Son abondante chevelure retenue par un ruban violet, tombe pourtant gracieusement sur ses épaules à peine couvertes par une draperie blanche négligemment passée sur son bras.

Exécuté en 1760.

Toile. — H. 47 c. L. 37 c.

93 — Une Bacchante.

Elle est couronnée de feuillage; sa chevelure blonde tombe en désordre sur ses épaules qu'une simple draperie rose artistement jetée sur ses bras laisse à découvert.

Ce gracieux pastel, qui porte la signature de Greuze sur le revers, est de 1775.

H. 43 c. L. 33 c.

94 — Jeune Fille dite aux Bluets.

C'est une petite paysanne assise au pied d'un arbre ayant son chien couché près d'elle. Elle tient dans son tablier blanc des bluets qui emplissent aussi un panier sur lequel son bras resté libre est appuyé. Son costume se compose d'une casaque verte, d'un jupon rouge et d'un chapeau de paille placé à son côté.

Cette agréable peinture, inspirée du style de Boucher, date de 1750, époque de transition du talent de Greuze.

H. 54 c. L. 46 c.

GREUZE (Jean-Baptiste)

95 — Madame Dubarry.

La gracieuse maîtresse de Louis XV est représentée dans le costume d'un berger Pompadour. Sa petite veste est de soie rose, et sur ses cheveux poudrés et bouclés, un petit chapeau est posé sur le coin de l'oreille.

Ce petit portrait, de la troisième manière du maître, a été exécuté en 1770.

Toile. — H. 42 c. L. 33 c.

96 — Portrait de Napoléon, premier Consul.

Debout, la main appuyée sur une table couverte d'un tapis et chargée de papiers, le premier consul vêtu d'un habit de velours rouge se détache sur un fond d'appartement orné de colonnes et d'une statue; derrière lui est un fauteuil.

Esquisse du portrait qui se voit à Versailles.

Toile. — H. 71 c. L. 55 c.

JANET (le vieux)

(Chef de l'École de Bourgogne, vers 1420.)

97 — Isabelle de Portugal.

Cette princesse, femme de Philippe-le-Bon, est représentée jusqu'aux genoux, dans un costume aussi riche qu'élégant.

Bois. — H. 77 c. L. 61 c.

LÉOPOLD ROBERT

98 — Un Joueur de violon.

Carton. — H. 00 c. L. 00 c.

PILLEMENT

99 — Paysage. Effet du matin.

H. 00 c. L. 00 c.

POUSSIN (Nicolas)

100 — L'Annonciation.

H. 50 c. L. 40 c.

POUSSIN (Gaspard Dughet)

101 — Paysage, site d'Italie.

H. 21 c. L. 32 c.

REYNOLDS

102 — Tête d'étude.

H. 65 c. L. 54 c.

VERNET (Joseph)

103 — Paysage montagneux.

Une cascade tombe entre des rochers sur l'un desquels on voit une tour. Des pêcheurs sur le premier plan animent cet excellent tableau.

Petite production du maître.

Toile. — H. 55 c. L. 25 c.

WATTEAU (Antoine)

104 — Récréation champêtre.

Dans un bosquet, trois personnages dont l'un est costumé en pierrot, entourent une jeune femme qui, assise sur un banc, pince de la guitare.

H. 31 c. L. 23 c.

ÉCOLES ALLEMANDE, FLAMANDE & HOLLANDAISE

ALDEGRAVER

105 — Portrait d'un comte Rhénin.

Il est vu à mi corps, placé devant une espèce de balustrade couverte d'un tapis de damas vert sur lequel ses mains sont appuyées. Il tient une lettre. Son costume est de brocard d'or bordé d'hermine, et il porte sur la tête une toque rouge ornée de perles.

H. 73 c. L. 60 c.

BOTH D'ITALIE

106 — Un Paysage.

Toile. — H. 20 c. L. 27 c.

CHAMPAIGNE (Philippe de)

107 — Portrait à mi-corps de Marie Arnauld.

H. 66 c. L. 47 c.

108 — Portrait de religieuse.

C'est celui de la fille de l'artiste, religieuse à Port-Royal.

109 — Paysage avec figures.

H. 32 c. L. 42 c.

CRAYER (Gaspard de)

110 — Portrait de Ferdinand III, empereur d'Allemagne.

Il est monté sur un cheval blanc, tenant la main sur la hanche; son pourpoint et ses bottes sont de buffle, il est cuirassé. Une écharpe rouge passée sur son armure voltige au-dessus de son épaule. Hercule et Bellone le suivent, et dans les nuages deux amours tiennent ses insignes impériaux.

H. 72 c. L. 54 c.

CUYP (Albert)

111 — Portrait de l'infante Marie.

Elle est debout, tenant de la main droite un éventail de plumes. La gauche retombe le long de sa robe de lampas vert soutaché. Une collerette de dentelles orne son cou, des bracelets et des manchettes ses poignets. Deux petits chiens se tiennent près d'elle.

H. 119 c. L. 87 c.

ELST (Attribué à van der)

112 — Portrait d'homme.

Toile. — H. 77 c. L. 61 c.

EYCK (Jean de Bruges Van)

113 — Portrait d'homme.

Son pourpoint est rouge et lacé, son surtout est de fourrure, il se détache sur un fond d'or moucheté. Sur le revers du tableau sont les armoiries du personnage.

H. 15. c. L. 13 c.

FAUCHIER

114 — Portrait de Colbert.

H. 82 c. L. 60 c.

FLINCK (Govert)

115 — Tête de vieille femme.

H. 60 c. L. 47 c.

FRANCK FLORIS

116 — Portraits de François Ier, de Diane de Poitiers et de leurs enfants.

Ils sont représentés sous la figure d'Adam et d'Ève. Dans le fond, nos premiers parents sont tentés par le serpent et chassés du paradis terrestre. Fait pour François Ier.

H. 93 c. L. 122 c.

HAAGEN (Jean van der)

117 — Vue de ville.

Un fleuve en parcourt le centre et un pont sur lequel se voient un carrosse et quelques petits personnages en relie les deux quais. Sous les arches de ce pont, on aperçoit au loin le rivage ainsi que les montagnes azurées qui bornent l'horizon du tableau. Au premier plan, un artiste placé sur une espèce d'ilot dessine; un amateur, derrière lui, les mains appuyées sur ses genoux, suit attentivement son travail. Près d'eux, un page tient par la bride un joli cheval blanc.

Bois. — H. 37 c. L. 58 c.

HERP (Van)

118 — L'Enfant prodigue chez la courtisane.

Toile. — H. L.

HOLBEIN

119 — Portrait d'Erasme.

Le philosophe est représenté avec une pelisse garnie de fourrure, un pourpoint violet laisse passer sa chemise. Dans la main droite, il tient un rouleau de papier; dans la gauche, une violette. Une banderolle, au sommet du tableau, porte ces mots : « Fol désir nous amuse. »

Bois. — H. 35 c. L. 26 c.

KNELLER (Godefried)

120 — Portrait de Lady Morton.

Elle est assise ayant des fleurs dans la main. Elle est vêtue d'une robe blanche et d'un manteau rouge.

Toile. — H. 93 c. L. 76 c.

LUCAS DE LEYDE

121 — Portrait de Charles-Quint.

D'une main, il tient un livre; sur son pourpoint noir, il porte l'ordre de la Toison d'or, attaché à un ruban de même couleur. Un col blanc et une toque noire complètent le costume sévère de ce souverain qui est approprié à son caractère d'ailleurs si bien rendu dans ce curieux portrait.

Bois. — H. 32 c. L. 24 c.

MAAS

122 — Portrait d'un prince d'Orange.

Il est vêtu d'un costume de chasse et porte un épieu sur l'épaule. Un lévrier court devant lui.

Toile — H. 41 c. L. 31 c.

QUENTIN METSYS

123 — Deux Vieillards en prière.

Bois. — H. 28 c. L. 45 c.

MYTENS (George)

124 — Portrait d'homme avec fraise.

Bois. — H. 45 c. L. 37 c.

PORBUS le père

125 — Henri IV.

Il est représenté revêtu d'une armure bronzée, ornée de ciselures dorées, il porte le cordon de l'ordre du Saint-Esprit.

Bois. — H. 37 c. L. 25 c.

PORBUS LE JEUNE

126 — Henri IV.

Portrait équestre. Sur son armure, il porte une écharpe blanche, et à la main, le bâton de commandement. Son cheval est au galop; dans le fond, on aperçoit un choc de cavalerie.

H. 42 c. L. 31 c.

RAVESTEIN (JEAN DE)

127 — Portrait de femme.

Elle est habillée d'une robe de damas noir dont le corsage est brodé d'or. Une large fraise entoure son cou. Un bracelet orne son poignet gauche: un fauteuil est près d'elle. Ce beau portrait se détache sur un rideau vert qui laisse apercevoir un fond de paysage.

Bois. — H. 115 c. L. 85 c.

ROGER DE BRUGES

128 — Christ en croix.

La Vierge, saint Jean, et les saintes femmes l'entourent; on aperçoit, dans le fond, Jérusalem.

Bois. — H. 59 c. L. 41 c.

RUBENS (PIERRE-PAUL)

129 — Tête de jeune homme. Etude.

H. 37 c. L. 32 c.

RUBENS (Attribué à)

130 — Mars et Vénus.

Esquisse.

H. 50 c. L. 35 c.

RUBENS (École de)

131 — Un Saint en robe brune.

H. 18 c. L. 13 c.

132 — Amphitrite.

Elle est sur une conque traînée par des dauphins et entourée de tritons.

H. 30 c. L. 23 c.

SPRANGER (Barthelemy)

133 — Paysage avec figures et animaux.

H. 47 c. L. 73 c.

SUSTERMAN (Giusto)

134 — Portrait du cardinal Charles de Médicis.

H. 99 c. L. 80 c.

TÉNIERS (Pastiche de Rubens)

135 — Jésus conduit au Calvaire.

Notre Seigneur affaissé sous le poids de sa croix, est frappé à coup de corde par les misérables qui l'entourent. Une foule considérable le suit ou le précède; on y aperçoit les larrons. Le chemin étroit est resserré entre des rochers. Sainte Véronique et d'autres saintes femmes se trouvent sur le passage du Rédempteur.

Bois. — H. 41 c. L. 55 c.

UDEN (Luc. van)

136 — Paysage.

La vue s'étend au loin. Une rivière, çà et là des villages, un monticule sur le premier plan, composent ce tableau d'un effet piquant.

Bois. — H. 16 c. L. 52 c.

MINIATURES A L'HUILE

ALBANE

137 — Son Portrait. (Cuivre.)

BRONZINO (Angelo)

138 — Bianca Capello et François de Médicis. (Cuivre.)

CARAVAGE (Polidore)

139 — Son Portrait. (Cuivre.)

CLOUET (École de Janet, dit)

140 — Diane de Poitiers. (Cuivre.)

DOLCI (Carlo)

141 — Saint Laurent.

FAUCHIER

142 — Petit Portrait d'homme à manteau noir.

GIORGION (Attribué à)

143 — Portrait d'un inconnu. (Cuivre.)

KAREL DU JARDIN

143 — Saint André. (Cuivre.)

144 — Saint Jacques. (Id.)

HELST (Van der)

145 — Portrait d'un Bourgmestre. (Carton.)

LARGILLIÈRE

146 — Portrait d'un homme, à manteau de brocard. (Cuivre.)

LAWRENCE (Sir Thomas)

147 — Portrait de jeune homme.

LEBRUN (Charles)

148 — Portrait de Molière. (Cuivre.)

MIREVELT

149 — Portrait d'une femme âgée. (Cuivre.)

MIGNARD (Pierre)

150 — Portrait de Mme Deshouillières, (Toile.)

MURILLO (Attribué à Esteban)

151 — Un Religieux. (Cuivre.)

PORBUS (François)

152 — Portrait d'homme, sur fond vert. (Vélin.)

153 — Portrait d'homme, sur fond noir. (Cuivre.)

RIGAUD (Hyacinthe)

154 — Portrait de Lenôtre. (Cuivre.)

155 — Une jeune femme, en robe blanche. (Cuivre.)

RUBENS

156 — Portrait de Marie de Médicis.

SCHIDONE (Attribué à)

157 — Portrait d'un inconnu. (Cuivre.)

TINTORET

158 — Son Portrait à 50 ans. (Cuivre.)

TOURNIÈRES

159 — Un inconnu en habit rouge. (Cuivre.)

VAN DYCK

160 — Portrait de jeune femme. (Cuivre.)

VÉLASQUEZ (Don Diégo de Silva)

161 — Portrait d'homme. (Cuivre.)

162 — Une Infante en habit de cérémonie. (Cuivre.)

163 — L'Infante Marguerite. (Cuivre.)

ZURBARAN

164 — Portrait de femme. (Cuivre.)

ÉCOLE VÉNITIENNE

165 — Portrait d'homme. (Cuivre.)

ÉCOLE DE RUBENS

166 — Un Saint portant l'Enfant Jésus. (Cuivre.)

ÉCOLE DU CORRÈGE

167 — Saint Jean au désert. (Bois.)

MINIATURES A LA GOUACHE

CHARLIER

168 — Sujet pastoral. (Vélin.)

169 — Sujet pastoral. (Vélin.)

CLINCHETEL

170 — Portrait d'un inconnu. (Vélin.)

FRAGONARD

171 — Portrait de Saint-Just. (Ivoire.)

LARGILLIÈRE

172 — Portrait d'homme avec un manteau brun et rouge.

MIGNARD (Pierre)

173 — Portrait de Louis XIV avec de nombreux attributs (Vélin.)

PHILIPPE D'ORLÉANS (le Régent)

174 — Une Naïade assise ayant un amour sur les épaules et un second à côté d'elle. Fond de paysage. (Elle est signée à gauche P. O).

VERNET (Joseph)

175 — Une Marine. (Papier.)

VIGÉE LEBRUN (Mme)

176 — Son Portrait. (Ivoire.)

DESSINS ANCIENS

---

177 — **ALBANE.** La Toilette de Vénus (Pierre d'Italie).

178 — **ANDRÉ DEL SARTE.** (Vanucci). Tête de Vierge (Sanguine).

179 — **BEAUVALET.** Étude de chevaux (Sanguine sur papier calque).

180 — **CLAUDE LORRAIN** (Gelée). Un Village situé au bord de l'eau (Sépia, rehaussée de blanc).

181 — **COYPEL** (Antoine). Un Enfant (Crayon noir et sanguine.

182 — **DU MÊME.** Scène des *Femmes savantes* de Molière (Mine de plomb et sanguine).

Dessin important et des plus soignés du maître.

183 — **DU MÊME.** Tête d'expression (Pastel).

184 — **DU MÊME.** Jésus apparaissant à la Madeleine (Crayon).

185 — **DU MÊME.** Croquis pour une des fontaines de Versailles (Mine de plomb).

186 — **CONSTANTIN D'AIX.** Groupes de paysans italiens (A l'encre).

187 — **CORRÉGE.** (Ant. Allegri). Jésus au jardin des Oliviers. Dessin fait pour un plafond (A l'encre, rehaussé de blanc).

188 — **DU MÊME.** La Nativité. Dessin exécuté pour le tableau de la nuit (Au bistre).

189 — **DU MÊME**. Jésus au jardin des Oliviers est agenouillé près de sa croix; un ange lui apporte le ciboire; les apôtres sont endormis au pied de la montagne; dans le fond, arrivent Judas et les soldats (Plume et sépia).

190 — **DU MÊME.** Étude d'homme (Sanguine).

191 — **JEAN COUSIN.** Une mêlée de personnages fantastiques qui, les uns à pied, les autres à cheval, frappent et enlèvent des femmes.

Cette importante composition, toute michelangesque, paraît avoir été faite pour le Jugement dernier de l'église de Sens. (A l'encre.)

192 — **DOLCI** (Carlo). Tête de Jésus (Crayon de couleur).

193 — **DOMINIQUIN** (Zampieri). Le Père éternel et des anges. Dessin pour un concours. Signé (Sanguine).

194 — **DU MÊME**. Paysage (A l'encre).

195 — **DU MÊME.** Composition importante pour un plafond (A l'encre).

196 — **DURER** (Albert). La Nativité à Bethléem. Dessin gravé à l'eau-forte par ce maître (Plume).

197 — **DU MÊME.** Portraits de l'empereur Maximilien Ier et de sa femme, Marie de Bourgogne. Ce curieux dessin porte de nombreuses annotations de la main du grand artiste (Plume).

198 — **FLAMAND** (François). Amours se livrant au jeu (Encre).

199 — **FRAGONARD**. Composition héroïque importante, exécutée pour la naissance de Louis XVI (Gouache).

200 — **DU MÊME**. Portrait de saint Just.

201 — **GIRODET TRIOSON**. Croquis pour l'Endymion (Mine de plomb).

202 — **GREUZE** (J.-B.). Tête de jeune Fille (Estompe et sanguine).

203 — **DU MÊME**. Deux Chats (Plume).

204 — **GUERCHIN**. La Vierge et l'Enfant. Dessin d'une finesse et d'une exécution exceptionnelles (Plume).

205 — **GUIDE**. Cléopâtre (Sanguine).

206 — **HOBBEMA**. Au bord d'une rivière sur laquelle quatre personnages sont en bateau, tandis qu'un second est détaché du rivage par un batelier, se trouvent des groupes d'arbres autour de deux fabriques.

Ce magnifique dessin fini avec vigueur, est au crayon noir, lavé et coloré.

207 — **JULES ROMAIN**. Le Génie de la Musique (Cuivre).

208 — **LAGNON**. Portrait d'Ambroise Paré (Pierre noire et sanguine).

209 — **LANCRET**. Étude de soldat (Crayon noir).

210 — **LEBRUN** (Charles). Tête de Phocion (Sanguine).

211 — **LEBRUN** (Ch.). Dix Têtes d'expression (A l'encre).

212 — **DU MÊME.** Huit têtes d'expression (A l'encre).

213 — **LEMOINE.** Louis XV accompagné de la Guerre et de la Victoire (Encre et sépia, sur velin).

214 — **MICHEL-ANGE.** (École de Buonarotti). Une Sibylle.

215 — **MURILLO.** (Esteban). La Vierge visitant sainte Élisabeth (A l'encre).

216 — **NANTEUIL.** Portrait d'homme (Sanguine).

217 — **NESTCHER** (Gaspard). Portrait de Mme de Fontange (Pierre d'Italie).

218 — **PALMA LE VIEUX.** La Vierge agenouillée (Plume et Sépia).

219 — **PERINO DEL VAGA.** Groupe de figures portant l'arche (Plume et Sépia rehaussée de blanc).

220 — **PARMESAN.** Hérode commandant le massacre des Innocents (Sanguine).

221 — **PETIT** (Savinien). Dessin à la plume d'après Jean Cousin.

222 — **PORBUS** (F.). La Marquise de Sourdis (Pastel).

223 — **PRIMATICE** (F.). Une Figure sur un triton (A la plume rehaussée de blanc).

224 — **PUGET** (Pierre). La Vierge, Jésus et saint Jean (Plume et Bistre).

225 — **RANSON.** Attributs de fleurs, attributs de jardinage (Aquarelles gravées).

226 — **RIGAUD** (Hyacinthe). Un Maréchal de France.

227 — **ROOS.** Deux Moutons (Sanguine, Pierre noire).

228 -- **RUBENS** (P.-P.). Un des enfants de Charles Ier (Pierre noire, rehaussée de blanc).

229 — **DU MÊME.** Tête de guerrier de grandeur naturelle (Aux trois crayons).

230 — **SÉBASTIEN DEL PIOMBO.** Saint Pierre agenouillé présente à Dieu les clés du paradis. Ce Dessin a appartenu à Charles Ier (Fait au Roseau).

231 — **DU MÊME.** Le Christ à la Colonne (Sanguine).

232 — **SOLIMÈNE.** Composition importante d'un grand nombre de figures. Saint François Xavier prêchant sur les marches d'un temple. Au bas de ce dessin est un hommage de la main du maître (A l'encre).

233 — **TINTORET** (J. Robusti). Les Disciples d'Emmaüs (Sépia).

234 — **VAN DE VELDE** (Guillaume). Un Combat naval (A l'encre).

235 — **VERONESE** (Paul Caliari). Éliézer et Rebecca à la fontaine (A la plume).

236 — **VOUET** (Simon). La Vierge et l'Enfant (Pastel).

237 — **WATTEAU** (Antoine). La Leçon de lecture. Une jeune femme est assise dans un fauteuil, un livre sur ses genoux; un cavalier, placé à côté d'elle semble lui expliquer le livre.

Un des plus jolis dessins du maître. (Aux deux crayons.)

238 — **WILL.** Portrait de la Marquise de Villette (Sanguine).

239 — **WITT** (Corneille de). Portrait d'homme (Plume).

240 — **INCONNU.** Portrait de jeune homme (Pastel).

241 — Sous ce numéro, les Objets non catalogués.

SCULPTURES

COYZEVOX (Antoine)

(Né en 1640, mort en 1720)

242 — Saint Georges en armure est sur un cheval qui se cabre. De sa lance, il frappe le démon qui, replié sous le cheval, semble vouloir s'élancer sur lui.

Ce groupe, d'un beau style, est d'une grande élégance.
(Terre cuite.)

GOUJON (Attribué à Jean)

(Né en 1520, mort 1572)

243 — Mascaron représentant une tête de femme coiffée de nattes enlacées, une draperie tombe sur ses épaules (Marbre).

PILON (Germain)

(Né en 1515, mort en 1550)

244 — La Justice.

245 — La Force.

246 — La Prudence.

247 — La Foi.

248 — L'Espérance.

PUGET (Pierre)

(Né en 1622, mort en 1694)

249 — La Mise au Tombeau.

SARAZIN (Jacques)

(Né vers 1600, mort en 1665)

250 — Un Fleuve est couché les jambes croisées et appuyé sur son coude. Un fond de paysage (Marbre).

Beau morceau de ce maître si rare.

ÉCOLE ITALIENNE DU XVIe SIÈCLE

251 — Une Piété. La Vierge couverte d'un manteau bleu soutient le Christ dont la tête est appuyée sur son sein. Une tête de mort, le marteau, les tenailles, les clous et une couronne sont déposés sur le sol (Terre peinte).

ÉCOLE FLORENTINE DU XVIe SIÈCLE

252 — Une Piété (Terre cuite).

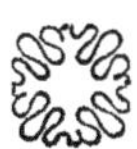

Renou et Maulde, Imprimeurs de la Compagnie des Commissaires-Priseurs, rue de Rivoli, 144. 50222

www.ingramcontent.com/pod-product-compliance
Ingram Content Group UK Ltd.
Pitfield, Milton Keynes, MK11 3LW, UK
UKHW021516260726
13993UKWH00004B/1712